# LIVING WITH COLOUR

# VIVRE EN COULEURS

# LEVEN MET KLEUR

BETA-PLUS

———

TERRA

# FOREWORD

Choosing the most suitable colour palette is always one of the greatest challenges for any interior architect or designer.

Paints, fabrics and wallpaper are an essential part of any interior and are inextricably bound up with it: the overall atmosphere is largely determined by the shades and nuances of colour that are used.

This book presents projects by well-known architects and interior specialists, with colour as a uniting theme: from monochrome white and sandy shades to the more exuberant and daring colour combinations, from the monastic simplicity of neutral tones to lively and extroverted colour schemes.

In spite of the significant differences between the projects, between styles and local trends, colours are clearly part of a universal language and have inspired designers through the ages.

Wim Pauwels
Publisher

# PREFACE

Le choix des coloris les mieux adaptés est l'un des principaux défis des architectes ou décorateurs d'intérieur.

Peintures, matériaux et papier peint sont des composants essentiels de chaque intérieur et ils sont indissociables les uns des autres : l'ambiance générale dépend en grande partie des coloris et des nuances présents.

Ce livre présente des projets d'architectes et de spécialistes de la décoration intérieure renommés, en prenant la couleur pour fil conducteur : du blanc monochrome aux tons sablés en passant par des combinaisons de couleurs parfaites, de la sobriété monacale à une atmosphère chaleureuse et extravertie.

Malgré la grande diversité des réalisations, des styles et des tendances locales, la couleur reste une langue universelle qui continue à inspirer les designers au cours des siècles.

Wim Pauwels
Éditeur

# VOORWOORD

De keuze van het meest geschikte kleurenpalet is steeds opnieuw één van de grootste uitdagingen van elke interieurarchitect of ontwerper.

Verven, stoffen en behang vormen een wezenlijk onderdeel van elk interieur en zijn er onlosmakelijk mee verbonden: de totaalsfeer wordt in grote mate bepaald door de aanwezige kleurtinten en nuances.

In dit boek worden projecten voorgesteld van gerenommeerde architecten en interieurspecialisten met kleur als leidraad: van monochroom wit en zandkleuren tot meer uitgesproken kleurencombinaties, van monacaal sober tot uiterst levendig en extravert.

Ondanks de grote verscheidenheid van de realisaties, de stijlverschillen en de plaatsgebonden tendenzen, blijken kleuren toch een universele taal te vormen die designers door de eeuwen heen altijd hebben geïnspireerd.

Wim Pauwels
Uitgever

# CONTENTS

# SOMMAIRE

# INHOUD

SIMPLE SOPHISTICATION
IN HIGH-TECH SURROUNDINGS


RAFFINEMENT SOBRE
DANS UN ENVIRONNEMENT HIGH-TECH


SOBER RAFFINEMENT
IN EEN HIGH-TECH OMGEVING

Stephanie Laporte of *The Office Belgium* was asked to take care of the interior design of this house created by *Marc Corbiau* for a young family with three children. She worked in close collaboration with *Obumex*.

The owners wanted a practical, extremely comfortable home: bright, simple and cosy, with lots of natural light and made of basic, but very reliable materials. The same materials were used throughout: dark natural stone for the floor and the washstand in the cloakroom; tinted and brushed oak veneer for the cupboards and solid-oak parquet flooring. The lighting also plays an important role, and a great deal of attention was paid to the latest technology in audio and video, lighting control, security, video phones and air conditioning with touch-screen operation, internet and specially made key panels (designed and created by *Dubois Ctrl* – air conditioning and automation concepts).

Dans ce logement dessiné par *Marc Corbiau* pour une jeune famille avec trois enfants, *Stephanie Laporte* de *The Office Belgium* a été chargée de la décoration intérieure. Pour ce projet, elle a étroitement collaboré avec *Obumex*.

Les propriétaires aspiraient à une habitation pratique, extrêmement agréable à vivre : transparente, sobre, confortable, avec beaucoup de lumière naturelle et réalisée à partir de matériaux très robustes : pierre naturelle sombre pour le sol et l'ensemble lavabo du vestiaire ; placage de chêne teinté et brossé pour les armoires et parquet en chêne massif. L'éclairage joue également un rôle important et une grande attention a été portée aux nouvelles techniques audio et vidéo, lighting control, sécurité, vidéophonie et climatisation via des écrans tactiles, internet et des panneaux de commande sur mesure (concept et réalisation *Dubois Ctrl* – airco et automation concepts).

In een woning ontworpen door *Marc Corbiau* voor een jong gezin met drie kinderen werd *Stephanie Laporte* van *The Office Belgium* gevraagd om de interieurinrichting te verzorgen. Zij werkte daarvoor nauw samen met *Obumex*.

De bewoners wensten een praktische, uiterst leefbare woning: transparant, sober en comfortabel, met veel natuurlijk licht en opgebouwd uit eenvoudige maar zeer degelijke materialen. Er werd steeds met dezelfde materialen gewerkt: donkere natuursteen voor de vloer en het wastafelgeheel in de vestiaire; getinte en geborstelde eikfineer voor de kasten en een massief eiken parket. Ook de verlichting speelt een belangrijke rol, en er werd veel aandacht geschonken aan de nieuwste technieken van audio-video, lighting control, beveiliging, videoparlofonie en airconditioning met bediening via *touch screens*, internet en op maat gemaakte toetspanelen (concept en uitvoering *Dubois Ctrl* – airco en automation concepts).

The custom-built oak stairs have been tinted in the same shade as the wooden floor.

L'escalier sur mesure en chêne massif est de la même teinte que le parquet.

De op maat gemaakte trap in massieve eiken is identiek getint als de parketvloer.

All of the office wall-units and the oak-veneer desk were made to order by *Devaere*. *Promemoria* lamp (from *Obumex*) and fully integrated air conditioning (via the subtle openings in the ceiling).

Le mobilier et les armoires du bureau en placage de chêne ont été créés sur mesure par *Devaere*. Lampe *Promemoria* (chez *Obumex*) et climatisation totalement intégrée (voir les percées sobres dans le plafond).

Alle bureaukasten en het bureaumeubel in eikfineer werden op maat gemaakt door *Devaere*. Lamp *Promemoria* (bij *Obumex*) en een volledig geïntegreerde airconditioning (zie de sobere uitsparingen in het plafond).

The fitted washstand in the cloakroom/lavatory, made from natural stone by *Guido Herman*. Taps by *Vola*.

Le meuble lavabo du vestiaire / wc, avec de la pierre naturelle sur mesure de *Guido Herman*. Robinetterie *Vola*.

Het wastafelmeubel in de vestiare / wc, met natuursteenmaatwerk door *Guido Herman*. Kraanwerk *Vola*.

All of the furniture and the lighting units in the living room are by *Promemoria*. *Bruder* linen curtains, *Crestron* touch screen and a *Dubois Ctrl* touch panel.

Tout le mobilier et les luminaires du salon proviennent de chez *Promemoria*. Rideaux en lin de *Bruder*, écran tactile *Crestron* et panneau tactile de *Dubois Ctrl*.

Alle meubilair en de verlichtingselementen in het salon zijn van *Promemoria*. Linnen gordijnen van *Bruder*, touch screen *Crestron* en een aanraakpaneeltje van *Dubois Ctrl*.

Chairs by *Christian Liaigre* around a *Promemoria* table (both from *Obumex*).
The walls have been finished with a special stucco painting technique. *Gunther Lambert* pots.

Chaises *Christian Liaigre* autour d'une table de *Promemoria* (le tout de chez *Obumex*).
Une technique spéciale de peinture en stuc a été appliquée sur les murs. Pots de *Gunther Lambert*.

Stoelen van *Christian Liaigre* rond een tafel van *Promemoria* (beide bij *Obumex*).
De wanden zijn afgewerkt met een speciale stucco schilderstechniek. Potten van *Gunther Lambert*.

Natural stone, oak veneer and stainless steel are combined in the kitchen. An integrated cold store. Blinds by *Bruder*.

Dans la cuisine, pierre naturelle, placage de chêne et inox s'entremêlent. Cellule réfrigérante intégrée avec rangement. Lamelles en bois de *Bruder*.

In de keuken werden natuursteen, eikfineer en inox gecombineerd. Een geïntegreerde koelcel met berging. Houten lamellen van *Bruder*.

A view from the upstairs corridor (with art by *Fred Boffin*) into the bedroom, which has been finished in oak veneer. Curtains by *Bruder*, bedside lights by *Dubois Ctrl*.

Vue du hall de nuit (avec des œuvres de *Fred Boffin*) vers la chambre entièrement réalisée en placage de chêne. Rideaux de *Bruder*, armatures de lit de *Dubois Ctrl*.

Zicht vanuit de nachthal (met werken van *Fred Boffin*) naar de volledig in eikfineer uitgevoerde slaapkamer. Gordijnen van *Bruder*, armaturen aan het bed van *Dubois Ctrl*.

The dressing room is also in oak veneer. A *Promemoria* lamp and *Bruder* blinds.

Le dressing est également en placage de chêne. Lampe de *Promemoria* et lamelles en bois de *Bruder*.

Ook de dressing is in eikfineer gerealiseerd. Een lamp van *Promemoria* en houten lamellen van *Bruder*.

*Bisazza* glass mosaic, natural stone and oak veneer were chosen for the bathroom.

Dans la salle de bains, le choix s'est porté sur la mosaïque de verre de *Bisazza*, la pierre naturelle et le placage de chêne.

In de badkamer werd geopteerd voor glasmozaïek van *Bisazza*, natuursteen en eikfineer.

The stairs to the second floor were specially made in solid oak, with particle-blasted stainless steel.

L'escalier menant au deuxième étage a été conçu sur mesure en chêne massif ; parties en inox grenaillé.

De trap naar de tweede verdieping is op maat uitgevoerd in massieve eiken, met inox geparelstraald.

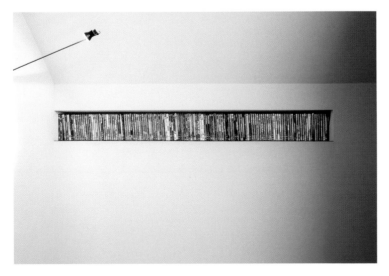

The entrance to the cinema, with an *Ingo Maurer* hologram. Wall with a recess for DVDs.

L'entrée de l'espace cinéma, avec un hologramme d'*Ingo Maurer*. Niche murale pour DVD.

De inkom van de cinema-ruimte, met een hologram van *Ingo Maurer*. Wand met nis voor dvd's.

The cinema with its star-spangled ceiling, air conditioning, *Lutron* dimmer system, high-end audio and video with a specially programmed touch screen: developed, programmed and made by *Dubois Ctrl*. Custom-made chairs, covered with linen materials from *Bruder*.

L'espace cinéma, avec ciel étoilé, air conditionné, installation DIM *Lutron*, *high end* audio / vidéo et écran tactile sur mesure : développé, programmé et conçu par *Dubois Ctrl*. Sièges sur mesure garnis de tissus en lin de *Bruder*.

De cinema-ruimte, met een sterrenhemel, airconditioning, *Lutron* diminstallatie, *high end* audio / video en op maat geprogrammeerd *touch screen*: ontwikkeld, geprogrammeerd en uitgevoerd door *Dubois Ctrl*. Zetels op maat, bekleed met linnen stoffen van *Bruder*.

# A GLAMOROUS MIX OF PURPLE AND SILVER IN THE HEART OF LONDON

# MARIAGE GLAMOUR DE VIOLET ET D'ARGENT AU CŒUR DE LONDRES

# GLAMOUREUZE MIX VAN PAARS EN ZILVER IN HARTJE LONDEN

Designer *Paul Davies* is like a modern nomad, a 'serial mover' who moves
into a new place every couple of months, completely redesigns it and then sells it.
This 270 m² apartment in the heart of London's Mayfair is his latest *tour de force*: this family home with four bedrooms
has been transformed into a spectacular bachelor pad with influences ranging from James Bond to Spain and New York.

Le designer *Paul Davies* est un nomade moderne, un *serial mover* qui, après quelques mois,
emménage dans un nouvel immeuble qu'il réaménage entièrement pour le revendre aussitôt.
Ce grand appartement de 270 m² au cœur du quartier Mayfair à Londres est son dernier tour de force :
un logement familial de 4 chambres a été transformé en une garçonnière spectaculaire,
marquée par des influences aussi diverses que James Bond, l'Espagne ou encore New-York…

Designer *Paul Davies* is als een moderne nomade, een *serial mover* die om de paar maanden een nieuw pand betrekt,
dit volledig herinricht om het vervolgens weer te verkopen.
Dit 270 m² grote appartement in het hart van Londen's Mayfair is zijn laatste krachttoer:
een familiewoonst met vier slaapkamers werd omgetoverd tot een spectaculaire vrijgezellenflat
met invloeden die uiteenlopen van *James Bond* over Spanje tot New York ...

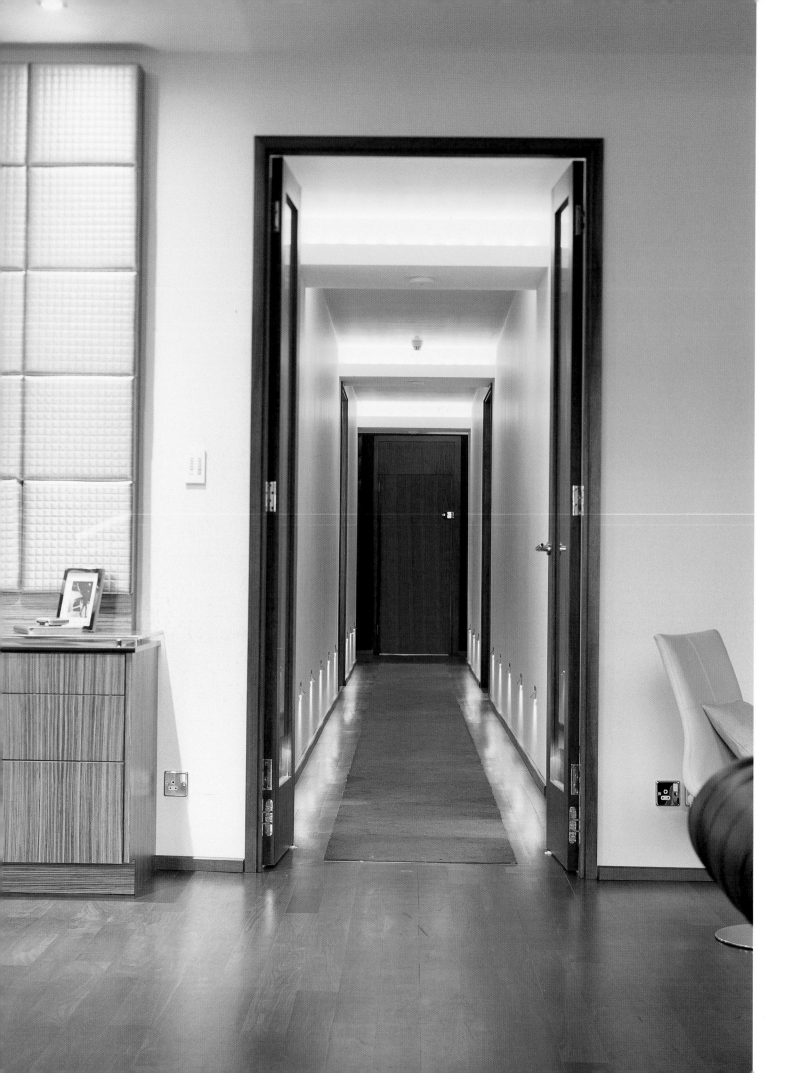

The unusually long corridor with rooms off both sides has been kept intact, unlike all of the other spaces in the apartment. *Paul Davies* has created a catwalk atmosphere here, with lighting at floor level and a hand-coloured purple carpet strip by *Brintons*.

Le couloir exceptionnellement long séparant les chambres est resté tel quel, contrairement à tous les autres espaces. *Paul Davies* y a recréé une ambiance de *catwalk*, avec un éclairage au niveau du sol et un tapis violet teinté main de *Brintons*.

De uitzonderlijk lange gang met aan weerszijden kamers bleef, in tegenstelling tot alle andere ruimten in dit appartement, intact. *Paul Davies* creëerde hier een *catwalk* sfeer, met verlichting op vloerniveau en een handgetinte, paarskleurige loper van *Brintons*.

A *Malmaca* coffee table in zebrano wood and glass, with two black leather Chesterfields (made to order by *Lisa Perry Upholsterers*). The console and the low side-table are also by *Malmaca*.
A black sisal carpet from *Crucial Trading*.

Une table de salon *Malmaca* en zebrano et verre tient compagnie à deux *Chesterfield*s en cuir noir (réalisés sur mesure par *Lisa Perry Upholsterers*). La console et la petite table basse sont également de *Malmaca*.
Tapis noir en sisal *Crucial Trading*.

Een salontafel van *Malmaca* in zebranohout en glas rond twee zwartlederen *Chesterfield*s (op maat gemaakt door *Lisa Perry Upholsterers*). Ook de console en het lage tafeltje zijn van *Malmaca*.
Een zwart sisaltapijt van *Crucial Trading*.

In the centre is a pony-leather love seat (by *Harrison and Gill*). The large standard lamps and the lamp in the background with the flower design are by *Malmaca*. In the foreground is a sofa designed for *B&B Italia* by *Antonio Citterio* and a glass *Classic Retro* table by *ABC* in New York. Taffeta curtains by *Dedar*. Silver cushions made to order by *Kravet*. Carpet by *Brintons*.

Au centre, un *love seat* en cuir de poney (par *Harrison and Gill*). Les grands lampadaires et la lampe à motifs fleuris à l'arrière-plan sont de *Malmaca*. A l'avant-plan, un sofa imaginé par *Antonio Citterio* pour *B&B Italia*. La table en verre *Classic Retro* a été achetée chez *ABC* à New York. Rideaux et taffetas réalisés par *Dedar*. Coussins argentés confectionnés sur mesure par *Kravet*. Tapis de *Brintons*.

Centraal een *love seat* bekleed met ponyleder (door *Harrison and Gill*). De grote staanlampen en de lamp op de achtergrond met bloemmotief zijn van *Malmaca*. Op de voorgrond een voor *B&B Italia* door *Antonio Citterio* ontworpen sofa rond een glazen *Classic Retro* tafel van *ABC* in New York. Gordijnen in taffetas van *Dedar*. Zilverkleurige kussens op maat gemaakt door *Kravet*. Tapijt van *Brintons*.

The TV screen is integrated into a hand-tinted panoramic panel in maple veneer.

L'écran de télévision a été intégré dans un panneau panoramique plaqué érable, teinté main.

Het tv-scherm is geïntegreerd in een handgetint panoramisch paneel in esdoorn fineer.

The work area is clad with mother-of-pearl imitation leather (made by *Kravet*) that incorporates four flatscreens. A specially made desk in zebrano veneer (*Paul Davies*, London) and a *Vitra* chair.

L'espace de travail, tapissé de similicuir couleur nacre (fabriqué par *Kravet*), comprend quatre écrans plats. Bureau réalisé sur mesure et plaqué zebrano (*Paul Davies*, Londres) et fauteuil *Vitra*.

De werkzone is bekleed met paarlemoeren kunstleer (geproduceerd door *Kravet*) waarin vier flatscreens werden geplaatst. Een op maat gemaakt bureaumeubel in zebrano fineer (*Paul Davies*, Londen) en een stoel van *Vitra*.

>>>

*Malmaca* chairs and a bench designed by *Lisa Perry Upholsterers* around an oval *Saarinen* table with an Arabescato marble top that *Paul Davies* had fitted. The wallpaper panel, specially created for this flat by *Cole & Son*, was inspired by a hundred-year-old damask print.

Les chaises *Malmaca* et la banquette signée *Lisa Perry Upholsterers* entourent une table ovale *Saarinen* sur laquelle *Paul Davies* a fait poser une tablette de marbre d'Arabescato. Le revêtement mural spécialement conçu pour ce studio par *Cole & Son* est inspiré d'une toile de damas centenaire.

Stoelen van *Malmaca* en een banket ontworpen door *Lisa Perry Upholsterers* rond een ovalen *Saarinen* tafel waarop *Paul Davies* een blad in Arabescato marmer liet monteren. Het speciaal voor deze flat door *Cole & Son* gecreëerde behangpaneel is geïnspireerd op een honderd jaar oude damastprint.

*The Boffi* kitchen, with furniture in wengé veneer and work surfaces in 10 cm-thick composite marble. A solid-walnut parquet floor.
In the background is a picture by the Columbian photographer *Ruven Afanador*, printed on brushed canvas.

La cuisine *Boffi* se compose de meubles en finition wengé et de plans de travail de 10 cm d'épaisseur en composite de marbre. Le parquet est en noyer massif.
A l'arrière-plan, une œuvre sur toile du photographe Colombien *Ruven Afanador*.

De *Boffi* keuken, met meubelen in wengé fineer en werkbladen in 10 cm dikke werkbladen in composietmarmer. Een parketvloer in massieve notelaar.
Op de achtergrond een werk van de Columbiaanse fotograaf *Ruven Afanador*, gedrukt op gestreken doek.

A *Drizzle* light by *Ochre* above the table.

La table est éclairée par un lustre *Drizzle* d'*Ochre*.

Boven de tafel een *Drizzle* luchter van *Ochre*.

The padded headboard and the bedspreads were made to order with *Fox Linton* fabrics. Lamps by *Malmaca*.
Photos on canvas from *Ruven Afanador's* "Torero" series (left, page 64).

*La tête de lit capitonnée et les couvre-lits ont été réalisés sur mesure avec des tissus de la collection Fox Linton. Luminaires Malmaca.*
*Photos sur toile de la série "Torero" du photographe Ruven Afanador (page 64, photo de gauche).*

Het gecapitonneerde beddenhoofd en de bedspreien zijn op maat gemaakt met stoffen van *Fox Linton*. Lampen van *Malmaca*.
Foto's op doek uit *Ruven Afanador's* "Torero" reeks (links op pagina 64).

The bathroom is clad with Italian Arabescato marble.
Floor-mounted, chrome taps with an unusual mechanism by *Ritmonio*.
A specially made washstand with mirrors and mounted basins (*Paul Davies*, London). The Venetian mirror is antique.

La salle de bains est habillée de marbre italien d'Arabescato.
Robinets chromés *Ritmonio* fixés au sol, avec commandes séparées.
Meuble réalisé sur mesure avec miroir et lavabos intégrés (*Paul Davies*, Londres). Le miroir vénitien est d'époque.

De badkamer is bekleed met Italiaanse Arabescato marmer.
Vloergemonteerde, verchroomde kranen met aparte bediening van *Ritmonio*.
Een op maat gemaakt wastafelmeubel met spiegel en gemonteerde waskommen (*Paul Davies*, Londen). De Venetiaanse spiegel is antiek.

# A RETURN TO THE ESSENCE

# RETOUR À L'ESSENTIEL

# TERUGKEER NAAR DE ESSENTIE

Architect/designer *Olivier Lempereur* divides his time between Paris and Brussels. Since 1998 he has been designing furniture
and creating complete interiors for houses, private apartments, offices and shops, with a warm, friendly and cosy atmosphere.

This report illustrates the vision of *Olivier Lempereur*: removing everything that is superficial and pointless, in order to find the essence of a room.
In this new building with a view of the Seine he has created a light, functional triplex for a young married couple of architecture lovers: a home that is a peaceful refuge.
*Olivier Lempereur*'s own line of furniture is completely in keeping with this design: timeless elegance based on an aesthetic that is resistant to passing fads.

Architecte Décorateur, *Olivier Lempereur* partage son temps entre Paris et Bruxelles. Depuis 1998 il crée du mobilier et
réalise des aménagements complets de maisons, d'appartements privés, de bureaux et de magasins caractérisés par des décors chaleureux, conviviaux et intimes.

Ce reportage illustre la philosophie du travail *d'Olivier Lempereur* qui consiste à supprimer le superficiel et l'inutile pour ne garder que l'essentiel.
Dans une nouvelle construction surplombant la Seine, il crée pour un jeune couple amateurs d'architecture
un triplex lumineux, fonctionnel, un espace où l'on se sent bien en toute quiétude.
Pour finaliser ce chantier, il dessine les meubles qui s'inscrivent en toute élégance intemporelle, dans une ligne esthétique dénuée d'effets de mode.

Architect Decorateur *Olivier Lempereur* verdeelt zijn tijd tussen Parijs en Brussel. Sinds 1998 ontwerpt hij meubilair
en realiseert hij de volledige inrichting van woningen, privé-appartementen, kantoren en winkels in een warme, conviviale en intieme sfeer.

Deze reportage illustreert de visie van *Olivier Lempereur*: het schrappen van alles wat oppervlakkig en nutteloos is, om te zoeken naar de essentie van een ruimte.
In een nieuwbouw met zicht op de Seine creëerde hij voor een jong echtpaar van architectuurliefhebbers een lichtrijke, functionele triplex:
een woonomgeving waar men zich in alle rust kan terugtrekken.
De eigen meubellijn van *Olivier Lempereur* past volledig in dit ontwerp: getekend met een tijdloze elegantie en vanuit een esthetiek wars van voorbijgaande modetrends.

The floor and the large tub of orchids are made of grey-green slate.

Sol et bac à orchidées en ardoise gris verte.

De vloer en de grote bak met orchideeën zijn met grijsgroene leisteen bekleed.

The seat and the low ebony table were designed
by *Olivier Lempereur*. Oak inlay on the stairs.

Mobilier et table basse en ébène d'*Olivier
Lempereur*. Marqueterie en chêne dans l'escalier.

Het zitmeubilair en de lage tafel in ebbenhout
werden door *Olivier Lempereur* ontworpen.
Eikenhouten inlegwerk in de trap.

78-79 >
Perfect symmetry for the two flights of stairs.

Symétrie absolue de la double volée d'escalier.

Perfecte symmetrie voor de dubbele trap.

80-81 >
A work by *Jorg Doring* in the large living room.

Une toile de *Jorg Doring* dans le grand salon.

Een doek van *Jorg Doring* in het grote salon.

there was my name up in lights
i said, 'god, somebody's made a
mistake.' but there it was, in
lights, and i sat there and said,
'remember,you're not a star.' yet
there it was up in lights

The full-height stair screen is made of diamond glass.

Garde-corps toute hauteur en verre diamant.

De wandhoge borstwering van de trap is in diamantglas uitgevoerd.

Stainless steel, pierre de Paris and brass with a
patinated metallic finish in the kitchen.

Inox, pierre de Paris et une métallisation en laiton
bronze patiné pour la cuisine.

Inox, pierre de Paris en een gemetalliseerde,
bronskleurig gepatineerde messing voor de keuken.

84-85 >

The double flight of stairs leads to the second floor. In the centre is a large sliding panel that also serves as a mirror.

La double volée d'escaliers menant vers le deuxième niveau. Au centre un grand panneau coulissant miroir.

De dubbele trap leidt naar de tweede verdieping. Centraal een groot schuifpaneel dat ook als spiegel fungeert.

86-87 >

The kitchen is completely dedicated to preparing and tasting food.

La cuisine est dédiée à la préparation et à la dégustation.

De keuken is volledig gewijd aan het bereiden én degusteren.

The bedroom landing, with a silk dividing panel between two glass screens.

*L'accès vers la chambre, avec une inclusion de soie entre deux verres.*

De overloop naar de slaapkamer, met een scheidingspaneel in zijde tussen twee glazen wanden.

A view of the dressing room.

Vue du dressing.

Een zicht op de dressingkamer.

A harmony of natural stone and oak in this bathroom.

Harmonie de pierre et chêne dans la salle de bains.

Harmonie van natuursteen en eiken voor deze badkamer.

The bedroom has a beautiful view of the Seine.

*La chambre est tournée vers la Seine.*

*De slaapkamer biedt een mooi uitzicht op de Seine.*

A small sitting room, which is also used as a library.

Un petit salon qui sert également de bibliothèque.

Een kleine zitkamer die ook als bibliotheekruimte gebruikt wordt.

The children's bathroom.

La salle de bains des enfants.

De kinderbadkamer.

# A MIX OF BOURGEOIS BOHÉMIEN AND BIG-CITY ELEGANCE

# ENTRE BOURGEOIS BOHÈME ET RAFFINEMENT URBAIN

# TUSSEN BOURGEOIS BOHÉMIEN EN GROOTSTEEDS RAFFINEMENT

*Cristina Rodriguez* lives in both Barcelona and New York, her two favourite cities,
which form an inexhaustible source of inspiration for her interior designs.
Her work is characterised by the amount of attention she pays to texture, her sophisticated use of colour
and objects that are perfectly in keeping with their surroundings.

This new project by *Cristina Rodriguez* has been named *Casa Bobo*:
the conversion of two apartments in the centre of Barcelona to make a 450 m$^2$ showcase apartment:
a bizarre mix of 21$^{st}$-century avant-garde and the libertine lifestyle of the "bobos" (*Bourgeois Bohémiens*) of the 1970s.

*Cristina Rodriguez* partage sa vie entre Barcelone et New York, les deux villes qu'elle préfère et qui constituent
pour elle une source intarissable d'inspiration pour ses projets d'aménagement intérieur.
Son travail se caractérise par la prépondérance des textures et la sophistication dans le choix des couleurs et des objets,
qui se fondent parfaitement dans le lieu qu'ils décorent.

Ce nouveau projet de *Cristina Rodriguez* a été baptisé *Casa Bobo*:
la rénovation de deux appartements au cœur de Barcelone a donné naissance à un vaste appartement "showcase" de 450 m$^2$:
un mariage étrange entre l'avant-garde du XXI$^e$ siècle et le mode de vie libertin des "bobos" (*Bourgeois Bohèmes*) des années 1970.

*Cristina Rodriguez* leeft zowel in Barcelona als New York, haar twee favoriete steden,
die een onuitputtelijke inspiratiebron vormen voor haar interieurontwerpen.
Haar werk wordt gekenmerkt door de grote aandacht voor textuur,
een gesofisticeerd kleurgebruik en objecten die perfect in hun omgeving passen.

Dit nieuwe project van *Cristina Rodriguez* werd *Casa Bobo* gedoopt:
de verbouwing van twee appartementen in het hart van Barcelona tot een 450 m$^2$ groot "showcase" appartement:
een bizarre mix van 21$^{ste}$-eeuwse avant-garde met de libertijnse leefwijze van de "bobo's" (*Bourgeois Bohémien*) uit de jaren 1970.

*Cristina Rodriguez* loves spaces with no limits: every room flows into the next and this sense of unity is further emphasised by the harmonious colour palette (with its preponderance of shades of grey) and by the use of the same materials throughout (such as the wide planks of the wooden floors and the warm materials used for the upholstery). Seating by *Atelier*, carpets by *Basarabian* (large living room) and *Atelier* (TV room).

*Cristina Rodriguez* privilégie les espaces non délimités: chaque pièce donne sur la suivante, l'unité étant renforcée par une palette de couleurs harmonieuses (dans une dominante de tons gris) et par l'uniformité des matériaux (planchers à largeurs égales, tissus chaleureux, ...).
Canapés et chaises d'*Atelier*, tapis *Basarabian* (séjour) et *Atelier* (salon de télévision).

*Cristina Rodriguez* houdt van grenzeloze ruimtes: elke kamer vloeit in de andere over, de eenheid wordt extra benadrukt door een harmonisch kleurenpalet (met dominante grijstinten) en de uniforme materialen (plankenvloeren in vaste breedtes, warme bekledingsstoffen, ...).
Zitmeubilair van *Atelier*, tapijten van *Basarabian* (grote salon en *Atelier* (tv-kamer).

The dining room is relatively small (25 m²), but the table can still accommodate sixteen guests.
A grey-lacquered *Permaglas* dining table and *Atelier* chairs covered with leather from *Pyton*.

La salle à manger, plutôt petite (25 m²), peut tout de même accueillir seize personnes...
Table à manger laquée grise de *Permaglas*, chaises *Atelier* recouvertes de cuir de la collection *Pyton*.

De eetkamer is relatief klein (25 m²), maar toch kunnen er zestien genodigden aanzitten ...
Een grijsgelakte eettafel van *Permaglas*, stoelen van *Atelier* bekleed met leder van *Pyton*.

The kitchen, with its stainless-steel finish, has a professional look.

L'inox donne un caractère très professionnel à la cuisine.

De keuken met inox afwerking biedt een professionele aanblik.

108-111 >
Art by *Narcis Gironell* in the space separating the playroom from the children's bedroom. Black stools and a narrow *Atelier* table.

Une œuvre de *Narcis Gironell* orne la zone de séparation entre la salle de jeux et la chambre d'enfants. Tabourets noirs et console *Atelier*.

Een kunstwerk van *Narcis Gironell* in de scheidingszone tussen speelruimte en kinderslaapkamer. Zwarte tabourets en een smalle tafel van *Atelier*.

White shades have been combined with lively, colourful objects in the children's rooms.

Dans les chambres des enfants, des objets colorés ajoutent une note joyeuse au blanc dominant.

In de kinderruimtes worden wittinten gecombineerd met vrolijke, kleurrijke objecten.

114-115 >

The parents' bedroom is suffused with the same grey tones as the large living room and the TV room.

Dans la chambre à coucher des parents, on retrouve les tons gris du séjour et du salon de télévision.

De ouderslaapkamer baadt dan weer in dezelfde grijstonen als het grote salon en de tv-kamer.

116-117 >

The main bathroom. A sophisticated interplay of different levels, finished in *Piedra de Sant Vicente*.

La salle de bains principale, réalisée en marbre *Piedra de Sant Vicente*, joue en finesse sur différents niveaux.

De hoofdbadkamer. Een geraffineerd spel van niveau's, uitgevoerd in *Piedra de Sant Vicente* marmer.

# SOBER WHITE AND DARK SHADES
## IN A MODERN DUPLEX APARTMENT


## UNE PALETTE SOBRE DE TONS BLANCS ET FONCÉS
### DANS UN DUPLEX CONTEMPORAIN


## SOBERE WIT- EN DONKERTINTEN
### IN EEN HEDENDAAGS DUPLEXAPPARTEMENT

Stephanie Laporte from The Office Belgium designed the interior of this contemporary duplex apartment in West Flanders.

The clients, a young couple, wanted a simple, contemporary interior with warm tones.
As the apartment is completely enclosed and not much light comes in from outside, the home was finished in pale shades throughout,
with a few darker accents for features including the wooden floor and the hall cupboard.
The decision to use one model of light fitting throughout the whole apartment also creates a peaceful, calming atmosphere.
Obumex and Kordekor were commissioned to carry out the project.

Stephanie Laporte de The Office Belgium a dessiné l'intérieur de ce duplex résolument contemporain en Flandre Occidentale.

Les propriétaires, un jeune couple, voulaient un intérieur sobre et contemporain aux tonalités chaudes.
L'appartement étant mitoyen des deux côtés, il bénéficie de peu de lumière. La surface habitable a donc été entièrement repensée
et habillée de couleurs très pâles, avec quelques notes plus sombres pour le parquet, le vestiaire, etc…
Le choix d'un système d'éclairage unique pour tout l'appartement apporte paix et sérénité.
La réalisation de ce projet a été confiée à Obumex et Kordekor.

Stephanie Laporte van The Office Belgium tekende het interieurontwerp van dit eigentijdse duplexappartement in West-Vlaanderen.

De opdrachtgevers, een jonggehuwd koppel, wensten een sobere en hedendaagse inrichting met een warme ondertoon.
Aangezien het appartement volledig ingesloten is en er niet veel licht naar binnen valt, werd het woonvolume in zijn totaliteit uitgewerkt in heel bleke tinten,
met enkele donkere accenten voor o.a. de parketvloer, de vestiairekast, etc.
Ook de keuze van één enkel model verlichtingsarmatuur in het hele appartement zorgt voor een rustig, sereen geheel.
De uitvoering van dit project werd toevertrouwd aan Obumex en Kordekor.

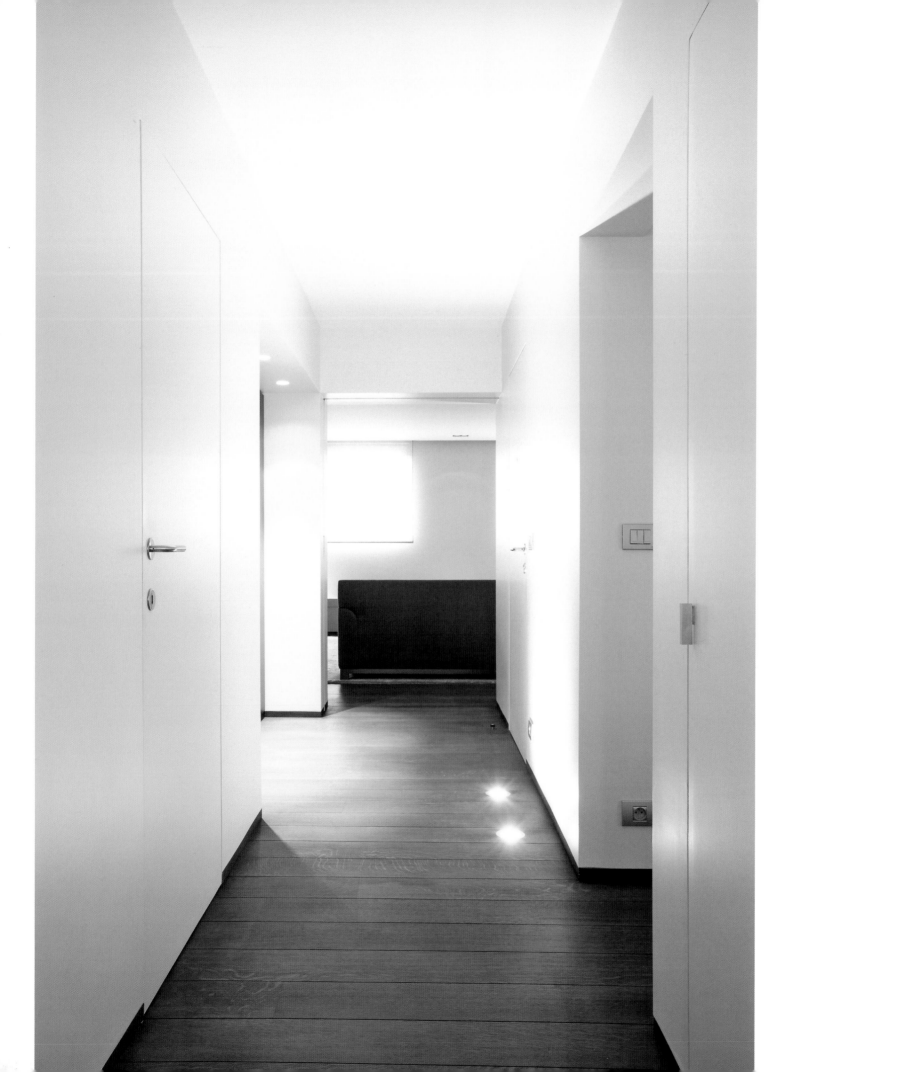

The white walls contrast with the dark-tinted oak floor.

Les murs blancs contrastent avec le parquet en chêne foncé.

De witte wanden contrasteren met de donkergetinte eiken parketvloer.

The central features of the living room are the sofas covered with material from *Sahco Hesslein* around a coffee table from *JNL*, *Zinc. Limited Edition* carpet. Seating with integrated heating and a wall unit with a desk and a TV recess, made of bleached oak veneer (*Obumex*).

Au milieu du salon, les canapés recouverts d'un tissu de la collection *Sahco Hesslein* entourent une table basse de *JNL*, *Zinc*. Tapis *Limited Edition*. Banquette à chauffage intégré et mur avec meuble de bureau et niche-télé entièrement réalisé en finition chêne clair (*Obumex*).

Centraal in het salon canapés bekleed met stof van *Sahco Hesslein* rond een salontafel van *JNL*, *Zinc*. Tapijt *Limited Edition*. Zittablet met geïntegreerde verwarming en een wand met bureaumeubel en tv-nis die volledig in bleekgetinte eikfineer is uitgevoerd (*Obumex*).

Dining table and chairs in dark-tinted maple with leather (*JNL*). The light fitting was produced specially by *Modular*.
Fitted wall units with integrated central heating (by *Obumex*). *Baumann* roller blinds to provide shade have been combined with panels by *Sahco Hesslein*.

Table à manger et chaises en érable clair et cuir (*JNL*). L'armature a été fabriquée sur mesure par *Modular*.
Placards encastrés sur mesure et chauffage intégré (réalisation *Obumex*). Stores occultants à enrouleur de *Baumann*, combinés à des parois japonaises confectionnées par *Sahco Hesslein*.

Eettafel en stoelen in donkergetinte esdoorn met leder (*JNL*). De lichtarmatuur op maat werd door *Modular* geproduceerd.
Kastenwand op maat met geïntegreerd cv-toestel (realisatie *Obumex*). Verduisterende rolgordijnen van *Baumann* werden gecombineerd met Japanse wanden van *Sahco Hesslein*.

The kitchen was built by *Obumex*. Terrazzo surface, combined with dark-tinted laminated wood.

La cuisine a été réalisée par *Obumex*. Tablette en granit rehaussé de bois stratifié en teinte foncée.

De keuken werd uitgevoerd door *Obumex*. Tablet in granito, gecombineerd met donkergetint en gelaagd hout.

*JNL* table and chairs and a lamp by *Moooi* in the dining area. *Cotto d'Este* floor. The curtains are made with material from *Kiefer*.

Table et chaises du coin à manger *JNL* et lampe *Moooi*. Revêtement de sol *Cotto d'Este*. Les rideaux ont été confectionnés dans un tissu de la collection *Kiefer*.

Eethoek tafel en stoelen *JNL* en een lamp *Moooi*. Vloer in *Cotto d'Este*. De gordijnen zijn uitgevoerd met een stof van *Kiefer*.

The bedroom, with its dominant dark shades and a few white accents, contrasts with the rest of this duplex apartment: *Sahco Hesslein* curtains and a *JNL* chair with *Designers Guild* fabric. All of the furniture has been matt-painted in the same dark shades as the walls.

Contraste entre la chambre à coucher et les autres pièces du duplex; les couleurs foncées dominent en contrastant avec quelques notes blanches: les rideaux sont de *Sahco Hesslein* et la chaise de *JNL* est habillée d'un tissu *Designers Guild*. Tous les meubles ont été laqués en une teinte mate assortie aux murs foncés.

De slaapkamer contrasteert met de rest van het duplexappartement: dominante donkertonen met enkele witte accenten: gordijnen van *Sahco Hesslein* en een stoel van *JNL* bekleed met een stof van *Designers Guild*. Alle meubilair werd mat gelakt in dezelfde donkere tinten als de wanden.

The dark-tinted hall cupboard creates an extra contrast.

L'armoire foncée du vestiaire offre un contraste supplémentaire.

De donkergetinte vestiairekast zorgt voor een extra contrast.

In the bathroom a pale *Cotto d'Este* floor is combined with dark natural stone and dark-tinted wood.

Dans la salle de bains, mariage du revêtement de sol clair *Cotto d'Este* avec la pierre naturelle foncée et le bois foncé.

In de badkamer werd een bleke *Cotto d'Este* vloer gecombineerd met donkere natuursteen en donkergetint hout.

AN AUTHENTIC RESTORATION IN MONOCHROME WHITE

RESTAURATION AUTHENTIQUE EN BLANC MONOCHROME

AUTHENTIEKE RESTAURATIE IN MONOCHROOM WIT

This distinctive residence from around the turn of the last century (ca. 1900)
has been subtly restored by architect *Vincent Van Duysen* for a family with young children.

Structurally, very little has been changed. With just a few minimal alterations, the architect has succeeded in giving a contemporary touch to the new design:
together with the use of monochrome shades of white throughout, this has created a living environment with an atmosphere of peace and serenity.

Une gentilhommière pleine de caractère datant du début du siècle passé (env. 1900)
a été subtilement restaurée par l'architecte *Vincent Van Duysen* pour accueillir une famille avec de jeunes enfants.

Sans toucher à la structure, l'architecte a su conférer à l'ensemble une touche contemporaine grâce à quelques interventions minimes :
un cadre qui reflète la paix et la sérénité, entre autres par l'omniprésence des blancs monochromes.

Een karaktervolle herenwoning van rond de vorige eeuwwisseling (ca. 1900) werd door architect *Vincent Van Duysen*
op subtiele wijze gerestaureerd voor een gezin met jonge kinderen.

Structureel veranderde er zeer weinig. Door enkele minimale ingrepen slaagde de architect er toch in om het nieuwe geheel een hedendaagse toets te geven:
een woonomgeving die - ook door het consequente gebruik van monochrome wittinten – rust en sereniteit uitstraalt.

The authentic elements (such as the marble entrance hall, the mouldings, the wooden panelling, banisters, parquet floors and fireplaces) have been retained, but a few subtle changes lend them a contemporary touch.
The dining table is made of elm; its extension sections mean that it can seat a large number of guests.

Les éléments authentiques (le hall d'entrée en marbre, les moulures et les lambris, les rampes, les parquets et les cheminées en bois, ...) ont été conservés, mais on les a dotés d'une note contemporaine en quelques interventions minimes.
Grâce à de multiples rallonges, la table à manger en orme peut recevoir de nombreux invités.

De authentieke elementen (de marmeren inkomhal, de mouluren, en houten lambriseringen, trapleuningen, parketvloeren en schouwen, ...) bleven intact, maar kregen een hedendaagse toets door enkele minimale ingrepen.
De eettafel is uitgevoerd in olmen en biedt door de vele passtukken plaats voor heel wat genodigden.

Plain linen materials have been chosen for the sofa covers and the curtains.

Les canapés et les fenêtres sont habillés de tissus sobres en lin.

Sobere linnen stoffen voor de bekleding van de canapés en de uitvoering van de gordijnen.

A harmony of black-painted furniture with white Carrara marble for the floors and wall cladding.
The glass wall cupboards are a reference to the past: classic inspiration in a modern context.

Harmonie entre la peinture noire du mobilier et le marbre blanc de Carrare qui recouvre le sol et les murs.
Clin d'oeil au passé, les armoires suspendues en verre soulignent l'inspiration classique dans un contexte actuel.

Harmonie van zwart geschilderd meubilair en witte marmer uit Carrara voor de vloer en wandbekleding.
De glazen hangkasten zijn een knipoog naar vroeger: een klassieke inspiratie in een actuele context.

A monastic atmosphere in the master bedroom. A white-painted folding screen as a headboard.

Simplicité monacale dans la *master bedroom*. A la tête du lit, un paravent en bois peint en blanc.

Een monacale eenvoud in de *master bedroom*. Aan het beddenhoofd een wit geschilderde houten *paravent*.

The landing outside the children's bathroom (on the left) and the way into the attic playroom.

Le passage qui mène à la salle de bains des enfants (à gauche) et l'entrée du grenier - salle de jeux.

De overloop naar de kinderbadkamer (links) en de toegang naar de speelzolder.

Washstand and fittings by *Volevatch*.

Lavabo et robinetterie de *Volevatch*.

Wastafel en kraanwerk van *Volevatch*.

This bathroom was specially made for the young children of the family: the step can be removed when they are older.

Cette salle de bains a été réalisée sur mesure pour les jeunes enfants : le marchepied pourra être enlevé lorsqu'ils grandiront.

Deze badkamer is op maat van de jonge kinderen gemaakt: de trede kan later weggenomen worden.

Two views of the main bathroom.

Deux vues de la salle de bains principale.

Twee zichten op de hoofdbadkamer.

The guest lavatory.

La toilette des hôtes.

Het gastentoilet.

>>>
Subtle white shades and white Carrara marble create a cleansing, refined atmosphere.

La discrétion des teintes blanches et le marbre de Carrare blanc créent une atmosphère épurée et raffinée.

Subtiele wittinten en witte Carrara marmer zorgen voor een zuiverende, geraffineerde sfeer.

A SUBTLE PALETTE OF COLOURS IN A SPACIOUS PENTHOUSE

VASTE PENTHOUSE AUX TEINTES SUBTILES

INGETOGEN KLEURENPALET IN EEN RUIME PENTHOUSE

*Philip Simoen* was commissioned to furnish this penthouse, which has a floor area of over 350m$^2$.
The resulting look shows the preference of this interior architect from West Flanders for simple design with a warm atmosphere: subtle nuances
of colour harmonising with fine materials (such as natural stone, silk velvet, bronze and tinted oak)
in sophisticated contemporary surroundings.

*Philip Simoen* a été sollicité pour aménager ce penthouse de plus de 350 m$^2$.
Le résultat met en lumière la préférence de cet architecte d'intérieur pour les environnements sobres, mais chaleureux :
les nuances de couleurs subtiles s'harmonisent avec des matériaux nobles (pierre naturelle, velours de soie, bronze, chêne teinté,…)
dans un environnement contemporain raffiné.

*Philip Simoen* kreeg de opdracht om een meer dan 350 m$^2$ grote penthouse in te richten.
Het resultaat toont de voorliefde van de West-Vlaamse interieurarchitect voor een sobere vormgeving met warme uitstraling:
ingetogen kleurnuances harmoniëren met edele materialen (natuursteen, zijde velours, brons, getinte eiken, ...)
in een geraffineerde hedendaagse omgeving.

An aged-oak parquet floor has been laid throughout the hall (*Vanrobaeys*).
The console was made to order. *Lola* lighting.

Le hall a été entièrement recouvert d'un parquet de chêne teint en gris
(*Vanrobaeys*). La console a été réalisée sur mesure. Eclairage *Lola*.

De hal werd volledig met een parketvloer in vergrijsde eiken bekleed
(*Vanrobaeys*).De console werd op maat gemaakt. Verlichting *Lola*.

The red art work is by *Leroy + Leroy*.

L'œuvre d'art rouge est de *Leroy + Leroy*.

Het rode kunstwerk is van *Leroy + Leroy*.

*Maxalto* chairs and bronze occasional tables by *Promemoria* around a coffee
table, also by *Promemoria*. The open fireplace was created by *De Puydt*. All of
the cupboards were made specially for this house.

Sièges *Maxalto* et petites tables en bronze de *Promemoria* autour d'une table de
salon, également de *Promemoria*. Le feu ouvert a été réalisé par *De Puydt*.
Toutes les armoires ont été réalisées sur mesure.

Zetels *Maxalto* en bijzettafels in brons van *Promemoria* rond een salontafel,
eveneens van *Promemoria*. De open haard werd door *De Puydt* gerealiseerd.
Alle kasten werden op maat gemaakt.

A *Maxalto* dining table with *Promemoria* chairs (model: *Caffè*).
The kitchen was built in wengé and white Formica by *Wilfra*.
Terrazzo work surface. Kitchen chairs by *B&B Italia*.

Une table *Maxalto* avec des chaises de *Promemoria* (modèle *Caffè*).
La cuisine a été réalisée par *Wilfra* en wengé et formica blanc. Plan
de travail Granito. Chaises de cuisine de *B&B Italia*.

Een eettafel *Maxalto* met stoelen van *Promemoria* (model *Caffè*).
De keuken werd uitgevoerd door *Wilfra* in wengé en witte formica.
Werkblad in granito. Keukenstoelen van *B&B Italia*.

Study, library and living room have been combined to form one large room.
The tinted-oak desk was made to order and designed by *Philip Simoen*. The bronze table lamp and the standard lamps are by *Christian Liaigre* (from *Obumex*).
*Promemoria* chairs, covered in silk velvet. Fitted shelving units in bleached, sandblasted oak.
Curtains by *Romo* (*Linara*), made by *Inndekor*. A gas fire by *De Puydt*.

Cette grande pièce regroupe espace de travail, salon et bibliothèque.
Réalisé sur mesure et en chêne teinté, le bureau est signé *Philip Simoen*. La lampe de table en bronze et les lampes sur pied sont de *Christian Liaigre* (chez *Obumex*).
Fauteuils *Promemoria*, recouverts de velours de soie. Armoires de bibliothèque sur mesure en chêne blanchi et sablé. Rideaux de *Romo* (*Linara*), confectionnés par *Inndekor*. Foyer au gaz de *De Puydt*.

In één grote ruimte werden werkruimte, salon en bibliotheek gecombineerd.
Het bureau werd op maat gemaakt in getinte eiken naar een ontwerp van *Philip Simoen*.
De bronzen tafellamp en de staanlampen zijn van *Christian Liaigre* (bij *Obumex*).
Zetels *Promemoria*, bekleed met een zijde velours stof. Maatwerk bibliotheekkasten in gebleekte en gezandstraalde eiken. Gordijnen van *Romo* (*Linara*), geconfectioneerd door *Inndekor*. Een gashaard van *De Puydt*.

The master bedroom with a bed and a chair by *Promemoria*.
*Liaigre* lighting. The chest of drawers beneath the plasma screen
was designed by *Philip Simoen* and made from tinted oak.
The dressing room was also created by *Philip Simoen*.

La *master bedroom*, avec lit et fauteuil de *Promemoria*. Eclairage
*Liaigre*. La commode sous l'écran plasma a été dessinée par *Philip
Simoen* et réalisée en chêne teinté.
Le dressing est également une création de *Philip Simoen*.

De *master bedroom* met een bed en zetel van *Promemoria*.
Verlichting *Liaigre*. De commode onder het plasmascherm werd
ontworpen door *Philip Simoen* en uitgevoerd in getinte eiken.
Ook de dressing is een creatie van *Philip Simoen*.

The painting is by *Artmann*.

Le tableau est signé *Artmann*.

Het schilderij is van *Artmann*.

The main bathroom was built in Pietra Serena natural stone by *Eggermont*. Fitted cupboards designed by *Philip Simoen*. *Tara* taps and fittings by *Dornbracht* and washbasins by *Antonio Lupi*. The steam room is clad with *Bisazza* glass mosaic.

La salle de bains du propriétaire a été réalisée en pierre naturelle Pietra Serena par *Eggermont*. Armoires sur mesure signées *Philip Simoen*. Robinetterie *Tara* de *Dornbracht* et lavabos d'*Antonio Lupi*. Hammam en mosaïque de verre de *Bisazza*.

De *master* badkamer werd in Pietra Serena natuursteen gerealiseerd door *Eggermont*. Maatwerkkasten ontworpen door *Philip Simoen*. Kraanwerk *Tara* van *Dornbracht* en wastafels van *Antonio Lupi*. De stoomcabine is bekleed met glasmozaïek van *Bisazza*.

The guestroom with its en suite bathroom. Beds by *B&B Italia* and *Liaigre* lighting. Bathroom and shower clad in Gris Catalan natural stone.

La chambre d'hôtes avec sa salle de bains. Lits de *B&B Italia* et éclairage *Liaigre*. Salle de bains et douche en pierre naturelle Gris Catalan.

De logeerkamer annex gastenbadkamer. Bedden van *B&B Italia* en verlichting *Liaigre*. Badkamer en douche bekleed met een Gris Catalan natuursteen.

# A SENSE OF SPACE

## SENS DE L'ESPACE

## RUIMTELIJK GEVOEL

This magical place, situated in the heart of Brussels, has a view that certainly stands comparison with any metropolis.

It used to be an office space on the roof of a residential building,

but it has now been converted into a wonderful apartment with a garden and terraces and a floor area of 500 m$^2$.

The apartment was designed by *Nathalie Delabye* for *Ensemble & Associés* and furnished throughout by *Isabelle Reynders* with creations by *Christian Liaigre*.

In consultation with the client, who is just as enthusiastic as the designers about the "invisible" details,

this space has been transformed into a place where purity and simplicity harmonise with a real sense of well-being.

Situé au coeur de Bruxelles, ce lieu magique offre une vue digne des plus grandes villes du monde.

C'est au départ un plateau de bureaux et le toit d'un immeuble

et à l'arrivée un magnifique appartement de 500 m$^2$ avec jardin et terrasse.

L'appartement a été aménagé par *Nathalie Delabye* pour *Ensemble & Associés* et meublé entièrement *Christian Liaigre* par *Isabelle Reynders*.

En symbiose avec son client, tous deux amoureux des détails invisibles, ils ont fait de ce lieu,

un appartement où pureté et sobriété riment avec bien-être de vie....

Deze magische plaats, gelegen in het hart van Brussel, heeft een uitzicht dat ongetwijfeld vergeleken kan worden met dat van een echte wereldstad.

Aanvankelijk was dit een kantoorlandschap en het dak van een appartementsgebouw;

na transformatie werd het een prachtig appartement van 500 m$^2$ met tuin en terrassen.

Het appartement werd ingericht door *Nathalie Delabye* voor *Ensemble & Associés*

en volledig gemeubeld door *Isabelle Reynders* met creaties van *Christian Liaigre*.

In samenspraak met de klant, die net zo gepassioneerd was door de "onzichtbare" details als de ontwerpers,

werd deze ruimte omgetoverd tot een plaats waar zuiverheid en soberheid harmoniëren met een echt levenswelzijn ...

A view from the entrance hall, panelled throughout in white-stained sandblasted oak, of the stairs leading to the dining room, terrace and garden.

Vue du hall d'entrée complètement lambrissé en chêne sablé blanchi vers l'escalier menant à la salle à manger, la terrasse et le jardin.

Zicht vanuit de inkomhal – volledig gelambriseerd in gezandstraalde en witgetinte eiken – naar de trap die leidt naar de eetkamer, het terras en de tuin.

A detail of the oak stairs and glass banisters. In the background is the central kitchen unit.

Détail de l'escalier en chêne et rambarde en verre avec en arrière-plan l'îlot central de la cuisine.

Een detail van de trap in eiken met een glazen trapleuning. Op de achtergrond het centrale keukeneiland.

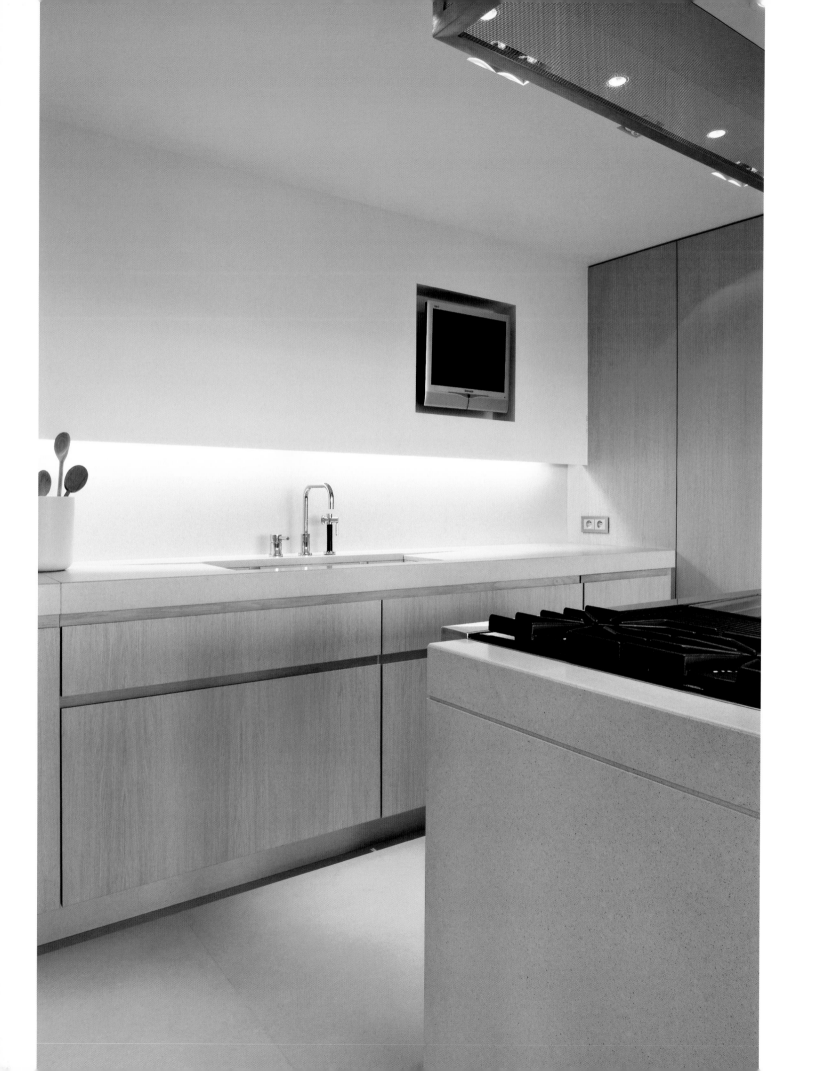

The kitchen was designed by *Ensemble & Associés* and built by *Obumex*.
Work surface and central cooking area in *Unistone* composite stone and units in white-stained sandblasted oak. Specially made cooker hood in Stadip metal and brushed stainless steel. Stools designed by *Claire Bataille*.

Vues de la cuisine dessinée par *Ensemble & Associés* et réalisée par *Obumex*.
Plan de travail et îlot central en pierre reconstituée *Unistone* et armoires en chêne sablé blanchi.
Hotte réalisée sur mesure en stadip metal et inox brossé.
Tabourets *Claire Bataille*.

De keuken werd getekend door *Ensemble & Associés* en uitgevoerd door *Obumex*.
Werkblad en centraal kookeiland in composietsteen *Unistone* en kasten
in witgetinte, gezandstraalde eiken. Maatwerk dampkap in stadip metaal en geborstelde inox.
Tabourets ontworpen door *Claire Bataille*.

White leather "Autan" couch by *Christian Liaigre*.
Wrought-iron open fireplace.
A "Murdoch" *méridienne* in linen and white leather by *Christian Liaigre*.
The low bronze "Umberto" table was also created by *Christian Liaigre*. "Chantecaille" reading chair by *Christian Liaigre*.

Lit de repos "Autan" en cuir blanc *Christian Liaigre*.
Feu ouvert en fonte.
Méridienne "Murdoch" en cuir blanc et lin *Christian Liaigre*.
Table basse "Umberto" en bronze facturé *Christian Liaigre*.
Liseuse "Chantecaille" *Christian Liaigre*.

Rustbed "Autan" *Christian Liaigre* in wit leder.
Open haard in smeedijzer.
Een *méridienne* "Murdoch" in linnen en wit leder van *Christian Liaigre*.
Ook de lage tafel "Umberto" in brons werd door *Christian Liaigre* gecreëerd. Leeszetel "Chantecaille" *Christian Liaigre*.

The shelves were made to order in white-stained sandblasted oak. "Basile" armchairs in grey linen by *Christian Liaigre*.
White leather "Autan" couch and an "Openwork" pedestal table by *Christian Liaigre*.

La bibliothèque a été dessinée sur mesure et réalisée en chêne sablé blanchi. Fauteuils "Basile" en lin noir de vigne *Christian Liaigre*.
Un lit de repos "Autan" en cuir blanc et un guéridon " Openwork" de *Christian Liaigre*.

De bibliotheek werd op maat getekend en uitgevoerd in gezandstraalde, witgetinte eiken. Fauteuils "Basile" in wijnzwart linnen van *Christian Liaigre*.
Rustbed "Autan" in wit leder en een *gueridon*-tafeltje " Openwork" van *Christian Liaigre*.

The living room is also used for film screenings. A gas fire and furniture by *Christian Liaigre*: an "Augustin" chair in linen and silk, "Buddha" armchairs and low "Galet" tables in white leather. The shelving unit (p. 204-205) was specially made in sandblasted oak that has been stained white.

Le salon cinéma avec son feu ouvert au gaz et des meubles signés *Christian Liaigre*: un canapé "Augustin" en lin et soie, fauteuils "Buddha" en lin et tables basses "Galet" en cuir blanc. Bibliothèque (p. 204-205) dessinée sur mesure et réalisée en chêne sablé blanchi.

Het salon wordt ook als filmzaaltje gebruikt. Een gashaard en meubilair van *Christian Liaigre*: een zetel "Augustin" in linnen en zijde, fauteuils "Buddha" in linnen en lage tafeltjes "Galet" in wit leder. De bibliotheek (p. 204-205) werd op maat getekend en uitgevoerd in gezandstraalde eiken die wit getint werd.

The desk was also made to order in white-stained sandblasted oak.
White leather *Eames* desk chair.

Bureau dessiné sur mesure et réalisé en chêne sablé blanchi.
Fauteuil de bureau *Eames* en cuir blanc.

Ook het bureau werd op maat gemaakt en gerealiseerd in witgetinte, gezandstraalde eiken.
Bureaustoel *Eames* in wit leder.

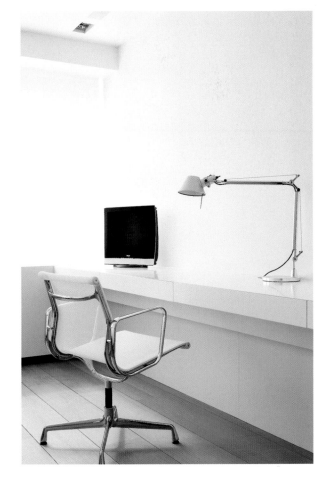

A specially designed desk in white lacquered MDF.
White wire-mesh *Eames* desk chair.

Bureau dessiné sur mesure et réalisé en médium laqué blanc.
Fauteuil de bureau *Eames* en résille blanche.

Een op maat getekend bureau, uitgevoerd in witgelakte mdf.
Bureaustoel *Eames* in wit gaas.

"Celtic" table in stained oak by *Christian Liaigre*.
"Archipel" chairs in stained oak and white leather, also by *Christian Liaigre*.
In the background is the "floating" garden.

Table "Celtic" en chêne teinté de *Christian Liaigre*.
Chaises "Archipel" en chêne teinté et cuir blanc *Christian Liaigre*.
En arrière-plan le jardin suspendu.

Tafel "Celtic" in getinte eiken van *Christian Liaigre*.
Stoelen "Archipel" in getinte eiken en wit leder, eveneens van *Christian Liaigre*.
Op de achtergrond de "zwevende" tuin.

The master bedroom and en-suite dressing room, fitted throughout with white-stained sandblasted oak, provides access to the bathroom and the living room/film room.

La chambre des maîtres et son dressing, totalement dessiné et réalisé sur mesure en chêne sablé blanchi et donnant accès à la salle de bains et au salon cinéma.

De hoofdslaapkamer annex dressing, volledig maatwerk en gerealiseerd in witgetinte, gezandstraalde eiken, biedt toegang tot de badkamer en de zitkamer / filmzaal.

The main bathroom is clad with *Unistone* composite stone.

Taps and shower fittings by *Dornbracht*.

A sheet of glass has been installed by the bath, which, like the washbasins, is made of solid natural stone. The units are made of white-stained sandblasted oak.

The mirror has a matt finish to allow a flatscreen to be incorporated.

La salle de bains des maîtres en pierre reconstituée *Unistone*.

Robinetterie et ciel de douche *Dornbracht*.

Tranche de verre déposée sur la baignoire et lavabos creusés dans la pierre.

Meuble en chêne sablé blanchi. Le miroir a été dépoli pour l'intégration d'un écran plat.

De *master* badkamer is bekleed met *Unistone* composietsteen.

Kraanwerk en douchekop *Dornbracht*.

Een glaspartij werd geplaatst op het bad en wastafels, massief in natuursteen gehouwen.

Het meubel is uitgevoerd in witgetinte, gezandstraalde eiken. De spiegel werd mat gemaakt voor de integratie van een *flatscreen*.

The guest bedroom, guest bathroom and separate studio flat.

La chambre d'amis et sa salle de bains, et une chambre studio.

De gastenkamer met badkamer en een aparte studio.

The guest bathroom.
The wash units were specially made in *Unistone* and white-stained sandblasted oak.
*Dornbracht* taps.
The bathroom of the studio flat, also in *Unistone* composite stone and lacquered MDF.

Un lavabo dessiné sur mesure en pierre reconstituée *Unistone* et un meuble en chêne sablé blanchi dans la salle de bains des amis.
Robinetterie *Dornbracht*.
Salle de bain studio en pierre reconstituée *Unistone* et medium laqué.

De gastenbadkamer.
De wastafel werd op maat gemaakt in *Unistone*. Meubel in witgetinte, gezandstraalde eiken.
Kraanwerk *Dornbracht*.
De badkamer van de studio, eveneens in *Unistone* composietsteen en gelakte mdf.

ADDRESSES

ADRESSES

ADRESSEN

Artmann

www.artmann.be


Casa Bobo (Cristina Rodriguez)

Josep Bertran, 9   1a

E – Barcelona

casabobo@cristinarodriguez.com.es


Paul Davies London

16, Stratford Place

UK – London W1C 1BF

T +44 (0)207 629 61 60


Dubois Ctrl (Airco & Automation concepts)

Knokbeeklaan 98

B – 8930 Lauwe

T +32 (0)56 420 290

F +32 (0)56 420 933

www.duboiscontrol.be


Ensemble & Associés

Nathalie Delabye

M +32 (0)475 91 11 46

Christian Liaigre

Isabelle Reynders

M +32 (0)2 513 22 10


Kordekor / Inndekor

Vierschaarstraat 8

B – 8500 Kortrijk

T +32 (0)56 26 52 65

F +32 (0)56 26 52 66

www.kordekor.com

www.inndekor.com


Lempereur Olivier

Interior Architecture

8 rue Charles Decoster

B - 1050 Brussels

T +32  (0)2 648 14 05

F +32 (0)2  648 14 06

11, rue Barbet de Jouy

F - 75007 Paris

T +33 (0)1 56 58 62 62

F +33 (0)1 56 58 62 63

www.olivierlempereur.com


Leroy + Leroy

www.leroyplusleroy.com


Obumex

Showroom Staden

Diksmuidestraat 121

B - 8840 Staden

T +32 (0)51 70 50 71

F +32 (0)51 70 50 81

Showroom Antwerp

L. de Waelplaats 20

B - 2000 Antwerp

T +32 (0)3 238 00 30

Showroom Brussels

Waterloolaan 30

B - 1000 Brussels

T +32 (0)2 502 97 80

Meeting Point Knokke

Sparrendreef 83

B - 8300 Knokke

T +32 (0)50 601 666

www.obumex.be

design@obumex.be


Office Belgium (The)

Stephanie Laporte

Doorniksewijk 49

B – 8500 Kortrijk

T +32 (0)56 326 108

F +32 (0)56 326 109

laporte.partners@telenet.be


Simoen Philip

Interior Architecture

St.- Sebastiaanstraat 9

B - 8490 Varsenare

T +32 (0)50 388 071

F +32 (0)50 39 23 81

simoen.interieur@telenet.be


Van Duysen Vincent Architects

Lombardenvest 34

B – 2000 Antwerp

T +32 (0)3 205 91 90

F +32 (0)3 204 01 38

www.vincentvanduysen.com

vincent@vincentvanduysen.com

**PUBLISHER**

BETA-PLUS
Termuninck 3
B - 7850 Enghien
T +32 (0)2 395 90 20
F +32 (0)2 395 90 21
www.betaplus.com
betaplus@skynet.be


**CO-PUBLISHER THE NETHERLANDS**
Terra, Warnsveld

**PHOTOGRAPHERS**
Jo Pauwels (p. 14-45, 70-95, 118-139, 140-157, 158-187, 188-219)
Dexter Hodges / Medita (p. 46-69)
Cristian Rodés / Medita (p. 96-117)

**DESIGN**
Polydem - Nathalie Binart

**TEXT**
Wim Pauwels

**ENGLISH TRANSLATION**
Laura Watkinson

**TRADUCTION FRANÇAISE**
TxT-IBIS


ISBN
English version   9077213554
Version française   2-930367-35-0
Nederlandstalige versie  9077213473

D/2006/8232/9

NUGI 648-656